Perché

(... scrivo)

AF237117

Klaus Ebner

Perché

(... scrivo)

© 2021 Klaus Ebner, www.klausebner.eu
Traduzione: Klaus Ebner – "Warum (… ich schreibe)"
Copertina: Klaus Ebner utilizzando un'illustrazione di
Janet Gooch da Pixabay, www.pixabay.com, e una
foto di Karl Grabherr, www.grabherr-photography.com
Stampa ed edizione: BoD–Books on Demand, RFG
Printed in the European Union
ISBN: 978-3-753407012

Sommario

Desidero ringraziare il mio grande amico scrittore *Fabio Strinati* per la sua squisita sensibilità nella revisione del testo.

La questione

Ogni scrittore, automaticamente, si chiede *perché* scrive. Ho letto tale affermazione ripetutamente, o qualcosa di simile, in articoli e commenti, e probabilmente, anche nella letteratura filologica. Ma è davvero così?

Penso che le cose siano un po' diverse: non sono gli scrittori che se lo chiedono, ma questo, per una necessità personale quasi interiore. No, questa domanda è sollevata dall'esterno, dall'ambiente sociale; viene dai lettori, da amici e familiari, per non dimenticare i giornalisti e gli studiosi della letteratura, che vogliono capire la spinta o, come si dice a volte, la fonte dell'ispirazione che trasforma alcuni cittadini essenzialmente integri, in scrittori.

La questione del perché scrivere richiede una giustificazione. Ma in realtà, che cosa bisogna giustificare? Mi sembra che gli scrittori, in fin dei conti, sono sempre stati visti come devianti nella società, come *outlaws*, come irresponsabili sognatori ad occhi aperti e, persino pazzi. Be', forse un po' pazzi lo siamo davvero, perché in fine dei conti, a perseguire una vocazione che nella maggior parte dei casi provoca una mole di lavoro enorme e che di soldi, ne porta pochi (ma che soprattutto, assicura soltanto a pochissime persone scelte, il loro sostentamento), è oggettivamente e completamente assai lontano da un pensiero economico o addirittura, da un comportamento fortemente ragionevole.

Ad essere sincero, non mi sono mai chiesto perché scrivo. Scrivere fa parte della mia autostima, è l'espressione della mia personalità ed è difficile immaginare la vita senza farlo, come non posso immaginarla, senza uno dei miei arti. Ma ovviamente, la gente me lo chiedeva spesso e nella maggior parte dei casi, guardavo l'altra persona a bocca aperta (dunque, mostrando l'aria tipica dello stupido) senza sapere, nella maggior parte dei casi, cosa rispondere. Probabilmente, non capivo fino in fondo *cosa* mi si stesse chiedendo, ma pian piano la questione scatenò in me un lungo processo di riflessione.

Poi, con tutta onestà, la questione sul *perché*, non è affatto semplice. Per avvicinarsi ad essa e trovare in fine qualcosa... come una risposta che possa essere praticabile, sarebbe altresì consigliabile esplorare come il tutto si sia sviluppato nella sua interezza, come e perché; "dall'inizio, e per tutto il periodo della mia infanzia, sono diventato colui che sono oggi".

L'inizio

Certo, tutto comincia dalla fanciullezza e... non avanzo di certo la questione sul *perché*, almeno, non in questo contesto, per cui, molto di quello che accade durante l'infanzia non è soggetto ad un controllo volontario, e di conseguenza, alcune cose rimangono per sempre un mistero.

La mia affinità per la lingua è ormai attestata da molto tempo. Mia madre, affermava ripetutamente che all'età di *un anno* parlavo già attraverso l'uso di frasi complete, e anche correntemente. Ma con tutta sincerità, trovo difficile prendere questa affermazione per oro colato, poiché non conosco nessun bambino (incluso i miei), che avrebbe dimostrato una competenza linguistica così sorprendente all'età di un solo anno.

Quello che ricordo perfettamente, è che il dialetto e il gergo viennese (che non è più un dialetto nel senso stretto della linguistica) mancavano completamente durante i primi anni della mia vita. Vivevamo nella città di Vienna, ed era molto importante per i miei genitori che il loro figlio parlasse *in modo benfatto, estetico e bello*. Tutto questo, significava *secondo la lingua scritta*, e spesso dicevano: in alto tedesco. (La mia famiglia non sapeva che tutte le varietà, i registri e i dialetti del tedesco centrale e superiore appartenessero al tedesco alto, e che solo il tedesco basso nell'estremo nord della Repubblica federale di Germania differisse). Nella mia famiglia quasi nessuno parlava in gergo viennese, ed ebbi contatto con il dialetto soltanto durante le vacanze di famiglia in Carinzia (in particolare al Lago di Klopein), e la mia presenza alla scuola materna si limitò a poche settimane, ma che purtroppo, si rivelarono poco significative.

Un giorno, penso di aver avuto all'incirca, quattro o cinque anni, fummo sulle scale di casa (ho dimenticato totalmente il perché ci trovammo lì) e mia madre si diresse verso di me accusandomi d'aver detto una parolaccia. Non avevo nessun'idea di che cosa stesse dicendo, ma poi, così d'improvviso, si scatenò una discussione piena zeppa di rimproveri, contraddizioni e curiosità. Poiché la causa della sua rabbia mi fu totalmente sconosciuta, la esortai a dirmi quale fu questa parola, perché solo così mi sarebbe stato possibile capire se uscì effettivamente dalla mia bocca. Discutemmo quasi mezz'ora (ma in realtà, furono probabilmente solo dieci minuti) prima che finalmente lei mi svelò la parolaccia (che purtroppo ancora non ricordo). La sentii per la prima volta nella mia vita e a questo punto, non ricordo più se fosse oscena o chissà cosa, ma sono sicuro che fosse un'espressione dialettale.

Il viennese entrò nel mio linguaggio quando frequentavo la scuola secondaria, ma soltanto nei momenti in cui mi trovavo solo con i compagni di scuola o con gli amici. È stato così perché non ho potuto mai accettare il dialetto come la mia propria lingua, se non come qualcosa di strano che... ero stato costretto ad utilizzare, ma che respingevo e detestavo ad ogni modo. Il fatto che mi era permesso di parlare con gli insegnanti *usando la lingua scritta* e che in realtà, fosse *obbligatoria*, rappresentava per me un raggio di speranza e tutto questo, mi piaceva immensamente. (Per questo motivo, depennai fin dal primo giorno i due professori, i quali sostenevano a pieno l'idea di dover parlare in dialetto se volevano raggiungere in qualche modo gli alunni e per questo, senza esitare un attimo, si vendicarono dando dei brutti voti).

Alla scuola media inferiore non era affatto pensabile che avrei sviluppato un grande amore per le lingue straniere. È stata indimenticabile la mia prima prova scritta in inglese (una materia che apparentemente avevo classificato immeritevole), dove trovai la domanda: *Does your friend speak German?* Malgrado la mia costante disattenzione, avevo notato che i nomi personali erano scritti con lettere maiuscole nella lingua inglese, e di conseguenza, scrissi la mia risposta nel quaderno senza pensarci su due volte: *Yes, German is my friend*.

Dal terzo livello avevamo il latino. Un fiasco di sei anni! Il fatto che io non sia mai stato rimandato era dovuto al professore del liceo, che apparentemente aveva percepito i miei talenti (che ovviamente non racchiudevano il latino) e fu sempre lui, che in qualche modo, mi trascinò con sé fino all'esame finale, acciuffandomi per le orecchie.

Ma durante le vacanze, prima del secondo grado della scuola secondaria, scoprii il francese. Come dire: un amore a prima vista! Lasciai i miei compagni di scuola molto indietro nel primo anno e poi, cominciai ad imparare altre lingue latine in privato. È stato (e mi dà tuttora) un grande piacere impararle tutte e saggiare anche lingue fondamentalmente diverse, come l'arabo, per esempio. Sono sempre stato attratto dalla letteratura, dai romanzi e dalle storie di altre culture, dalle creazioni poetiche e dalle opere teatrali. Ero sorpreso dalle differenze dell'uso dei termini letterari e potevo ben presto elencare i nomi di scrittori che nessuno dei miei compagni di classe avevano sentito mai.

I libri (I)

Il gergo e il dialetto non fanno parte delle mie capacità letterarie, mentre il tedesco standard austriaco e la lingua tedesca scritta, sì. Cominciai a leggere libri durante i miei anni di scuola elementare; all'epoca, ero molto giovane e tutto accadde poco dopo aver sviluppato una buona capacità di lettura; tutto questo, fu possibile anche grazie all'enfasi di mia madre. Ricordo una serie per ragazzi dove tutti i libri avevano un dorso rosso scuro. Questa serie raccontava classici della letteratura, alcuni dei quali, furono scritti espressamente per fanciulli, ma alcuni, erano davvero degli autentici monumenti della letteratura mondiale, che tra l'altro, furono snelliti ai bisogni dei bambini in un linguaggio semplificato. C'erano *L'isola del tesoro* e *Le avventure di Tom Sawyer*, i *Moby Dick* e *I viaggi di Gulliver*. Qualche anno dopo notai di aver nutrito interesse (però senza ulteriori motivi), principalmente per le traduzioni di letteratura in lingua inglese. La mia serie di libri, potrebbe anche aver incluso *Ventimila leghe sotto i mari* o *Le avventure di Pinocchio*, ma adesso come adesso, non mi ricordo più. Tuttavia, penso ancora alla storia di un ragazzo indiano che, probabilmente, nel diciassettesimo o diciottesimo secolo vive nelle foreste appalachiane; che si perde, a causa di una prova di coraggio e che lotta assiduamente per crescere. Non penso che fosse un'opera letteraria famosa, perché il titolo è svanito nella nebbia della mia infanzia ormai passata.

Prima di Natale, facevo liste su un pezzo di carta nelle quali, con meticolosità, si determinava chi nella mia famiglia avrebbe dovuto darmi un certo tipo di libro. Con la prozia, sapevo che dovevo mettere il mio naso nel catalogo di un club del libro, negli altri casi, potevo agire più liberamente. Di solito funzionava: infatti, i miei genitori si assicuravano che le mie richieste riguardanti i libri, diventassero realtà. Avrò avuto all'incirca dieci anni quando chiesi *I quaranta giorni del Mussa Dagh* di Franz Werfel. Probabilmente fu la colorata immagine della copertina a piacermi, perché in realtà, non lessi questo tomo; per ciò, molti decenni ancora sarebbero dovuti passare! Durante la scuola secondaria di primo grado, emerse una raccolta dei libri di Karl May, che consideravo molto famoso, ma di cui leggevo solo o quasi, quei volumi che erano ambientati in America settentrionale o meridionale; quando notai in uno show televisivo che May era quasi sconosciuto al di fuori dei paesi di lingua tedesca, sono rimasto davvero inorridito.

14

Le mie liste dei desideri natalizie contenevano libri di saggistica e di storia, oltre ai primi classici della letteratura mondiale. Quando, all'età di circa quindici anni scoprii la fantascienza angloamericana con il mio compagno di scuola Peter, e cominciai a divorare un gran numero di libri inglesi, già li avevo comprati da solo (per fortuna, i libri di bolso di SF erano molto economici). Per inciso, c'era il desiderio di scrivere ugualmente alcune storie di fantascienza, e con ciò, tormentavo gli insegnanti d'inglese e francese perché dovevano correggere le mie pagine che erano cosparse di storie da far rizzare i capelli (ma lo facevano volentieri – mille grazie in ritardo per quello!).

Non ricordo più a quale preciso punto sono passato all'approfondimento di testi più letterari. Tuttavia, la mia prima lettura de *Il processo* di Kafka è rimasta impressa nella mia memoria: poi, non capii quasi niente e fui tormentato da un testo molto noioso dove non afferrai nemmeno le due pagine lette prima. Oggi sorrido, scuotendo la testa, considerando *Il processo* di Kafka uno dei più grandi romanzi della letteratura mondiale.

Fu anche la letteratura mondiale in tedesco, che mi occupò all'esame di maturità. Perché il mio elenco di lettura era così pieno di opere scritte in lingue straniere (tradotte in tedesco, ovviamente), che la mia professoressa mi disse di diradarlo e di includere un po' più di Goethe-Schiller-Stifter-Schnitzler, che sinceramente feci con molta riluttanza. (E poi rimasi molto deluso dal fatto che non mi abbia posto una sola domanda sulla letteratura mondiale che pensavo fosse così magnifica).

Durante l'ultimo anno del liceo desiderai fortemente che i miei genitori mi comprassero per Natale una cassetta di libri pubblicata di recente con l'edizione completa dell'opera lirica di Paul Celan. Fui terribilmente deluso perché non c'era niente sotto l'albero, ma tenni la bocca chiusa, seppur coraggiosamente. Solo quando mia madre mi prese da parte, mi rivelò che la consegna dall'editore stava impiegando troppo tempo, e di conseguenza, mi consegnò un buono; quella sera fu salva (e mi vergognai segretamente di aver reagito in modo così gemebondo!). Dopo le vacanze, mi affrettai a camminare affannosamente verso la libreria (che oggi non esiste più) vicino al Duomo di Vienna per raccogliere il mio nuovo tesoro.

I precursori

Forse ho dimenticato di menzionare questa pagina: molti autori scrissero note, saggi o interi libri su questo tema. È ovvio che ogni scrittore conosce tali testi. Quindi – e questo è ciò che intendevo dire pur avendolo dimenticato – la questione del *perché* mi fu sollevata anche dalla letteratura. A dire il vero, anche durante i miei studi filologici incontravo ripetutamente tali affermazioni.

Jean-Paul Sartre è stato per me uno dei primi a rispondere alla domanda sul perché scrivere. Un autore e filosofo di cui mi piacevano gli scritti a scuola. Ho letto i drammi e i romanzi, su e giù, e ho iniziato a lavorare sulla filosofia di Sartre, sugli scritti autobiografici e poi, ho trovato il piccolo libro *Qu'est-ce que la littérature ?* Come studente sicuramente meno, ma come autore in erba, ho divorato questo saggio (e letto una seconda volta molti anni dopo). In linea con la sua comprensione dell'esistenzialismo, Sartre, si irrigidì abbastanza con la tesi secondo cui la letteratura non poteva esistere senza un impegno (politico) o addirittura, che non valesse nulla in tal caso. Fornisce esempi, risolve l'impegno politico/sociale di molti testi contemporanei, ma allo stesso tempo, attacca quegli autori che erano soliti essere più dediti all'arte, che venivano dal simbolismo o che erano specificatamente impegnati nella massima *l'art pour l'art*. Secondo Sartre, la letteratura, è sempre scritta per gli altri, e quindi, concentrarsi solamente sull'arte stessa non avrebbe nessun senso.

Il saggio di Sartre mi ha impressionato, non c'è alcun dubbio. Lusingava le mie idee giovanili e, quando rileggo ancora oggi le mie pubblicazioni (basicamente orripilanti) nelle riviste letterarie dell'epoca, mi è chiaro che a quel tempo, stavo cercando di essere coinvolto in un certo modo, come dire... sociopolitico e di esprimere questo impegno nei miei testi. Tuttavia, leggere il libro di Sartre mi lasciò una sensazione stupida, perché non mi piaceva proprio il fatto che condannasse molti autori (che a volte, apprezzava moltissimo). Con il passare degli anni, invece, diventai sempre più convinto che l'impegno di Sartre fosse *una vera* occasione per scrivere, ma non l'unica nel senso assoluto e, soprattutto, che non fosse un obbligo.

Gertrude Stein saltò un passo nel suo libro *How to write* e non si chiese il perché qualcuno potrebbe o dovrebbe scrivere. Accetta questa realtà senza commenti, e tratta con lucidità le tecniche di scrittura e gli strumenti linguistici che gli scrittori dovrebbero interiorizzare per produrre buona letteratura.

George Orwell trascorse la sua (breve) vita occupandosi del linguaggio politico e ideologico. La sua occasione per scrivere fu un impegno politico, nello spirito di Sartre, e alla domanda sul perché avesse scelto questa linea dette una risposta succinta nel breve saggio *Why I write*, descrivendo le sue esperienze da giovane passate nelle colonie britanniche e poco dopo, nella Guerra civile spagnola. In relazione a questa spiegazione, le note della scrittrice catalana (purtroppo, morta molto giovane) Montserrat Roig, paiono molto simili: attribuì il suo impulso a scrivere all'oppressione alla quale il popolo catalano sotto Franco fu brutalmente esposto. Il suo connazionale Josep Pla, che nonostante la dittatura fascista creò un'opera letteraria grandiosa, probabilmente sentì una spinta corrispondente.

Nel suo saggio *Why write?* Paul Auster afferma di aver iniziato a scrivere più o meno per caso, semplicemente perché era abituato a portare sempre con sé una matita: dopo non aver ottenuto un autografo da parte della stella del baseball che ammirava all'età di otto anni a causa della mancanza di una penna! E ad un certo punto, lui pensò, la matita è usata – e fu proprio in questo modo, che lui diventò uno scrittore.

Così, molti dei miei colleghi trovarono una solida ragione per la quale oggi scrivono; autori come Sartre sono in grado di sostenerlo teoricamente e di giustificare il loro lavoro.

Tuttavia, io ho i miei dubbi. Non riesco davvero ad immaginare che qualcuno possa creare letteratura se questa abilità o disposizione non fosse ben radicata fin dall'inizio, soprattutto, nella personalità del futuro scrittore. La sua produzione di testi potrebbe venire alla luce prima o poi, salire in superficie, ma non credo in una causa o in una ragione che si trovino completamente al di fuori.

La scuola

La scuola è davvero in grado di influenzare lo sviluppo dello scrittore? Penso che tale pensiero, lo si possa vedere da più prospettive e sicuramente, sotto più punti di vista. Di certo, è indiscusso che impariamo a leggere e a scrivere durante la nostra frequentazione a scuola. Ci confrontiamo con i libri e con la letteratura (almeno negli anni '70 e '80) e siamo molto incoraggiati ad interpretare racconti e poesie. (L'interpretazione lirica può essere comparata più o meno all'industria alimentare: prima di tutto, gli alimenti sono suddivisi per categorie, nelle loro singole parti, e poi, soltanto in un secondo momento il tutto viene rimesso insieme secondo una nuova ricetta). Le lezioni di tedesco (o in generale le lezioni di lingua) lasciano abitualmente una traccia e i professori di lingua possono favorire un talento linguistico e narrativo oppure, lavorare in senso opposto, ovvero, distruggerlo. Posso affermare con chiarezza e coscienza, che i miei professori erano tra gli sponsor, anche se tutto questo va ben oltre le mie reali conoscenze e fino a che punto, essi ne fossero consapevoli.

Ma partiamo dall'inizio anche se… ho spaventosamente pochi ricordi della scuola elementare e per questo, ho dovuto credere a mia madre quando disse che la mia insegnante di scuola elementare attribuiva grande valore, in particolare, ad un'espressione tedesca elegante e all'ortografia corretta tra i suoi studenti.

Credo dev'essere stato in quarta elementare quando trovai molte immagini da grattare, presumibilmente, su carta da masticare o su altre carte da dolci che potevano essere attaccate in opuscoli e fogli (e probabilmente, anche ad altri oggetti). Implorai un libro di vocaboli a tre colonne, che da quel preciso istante, avrei considerato il mio segreto. Scrivevo un racconto su ogni pagina, la sera, e talvolta anche a letto, e incollavo le foto corrispondenti graffiate tra le righe. Si trattava di pirati e cinesi, di avventure in mare e di combattimenti contro i mostri che all'epoca pensavo fossero nell'oceano. Di tanto in tanto, una storia mi appariva troppo lunga e prolissa, e di conseguenza, usavo una doppia pagina; certo, doveva essere un lato sinistro e uno destro, perché odiavo girare le pagine nel mezzo della storia. Scrissi tutto ordinatamente con l'inchiostro e con la scrittura manuale che, per abitudine, chiamiamo scrittura di folletto (*Heinzelmännchenschrift*) nel mio paese, perché un giorno i posteri possano così decifrare i miei freghi. Se mi sbagliavo e dovevo sovrascrivere o cancellare una parola, diventavo nero dalla rabbia, perché già stavo iniziando a sviluppare un senso estetico molto importante. Volevo assolutamente fare un *bel libro di conti*.

Tutto questo, fa davvero male alla mia anima, ovvero, il fatto che questo infantile tentativo di scrivere alcune narrazioni non sia riuscito a sopravvivere.

Inciampai nella successiva pietra miliare, sempre che fosse una, nella seconda della scuola secondaria di primo grado. Mi ero messo in testa di scrivere una commedia e poi di studiarla con i miei compagni di classe e infine, esibirla a scuola. Qualche professore di tedesco (non il mio) accettò di monitorare le nostre prove durante il pomeriggio, che vuol dire ufficialmente: accompagnarle (che faceva abitualmente ringhiando in modo assai chiassoso!). Avevamo comprato carta crespa, colla e scatole colorate perché dovevamo realizzare costumi romani e gallici con le nostre poche risorse. La mia opera teatrale trattava gli invincibili Galli in Aremorica – una copia scadente di un volume Asterix di cui volevo metterne in scena l'idea basica. La prima delusione arrivò quando finalmente finii il mio pezzo teatrale e lo portai in classe: aveva soltanto tre pagine, scritte su fogli A4 a riga singola con una macchina da scrivere, ma soltanto tre pagine, e probabilmente la presentazione del lavoro fu completata in un massimo di venti minuti. I miei compagni alzarono gli occhi ed espressero senza tanti giri di parole tutta la loro indignazione. Tutta la faccenda, davvero molto imbarazzante, si arenò e il professore non volle più restare alla scuola durante il pomeriggio (forse eravamo troppo rumorosi per il suo sonno più che meritato). Ero dispiaciuto oltre ogni misura, ma penso che fui fortunato per il solo fatto che i molti grilli che avevo a spasso per la testa non si trasformarono in un disastro ancora più grande.

Alla quarta della secondaria di primo grado, accogliemmo un altro insegnante di tedesco, una signora nuova nella scuola che era ancora molto giovane.

La professoressa

Aveva appena superato l'esame degli insegnanti e cominciò così a lavorare al nostro liceo come professoressa di tedesco e di matematica: il suo nome, era Christine Hollmann. Come ci si aspetta dai giovani insegnanti, era estremamente impegnata e motivata. Con tutta onestà, penso che fossimo la sua prima classe ed è così che *mi* si abbatté contro.

Sebbene questo non fosse mai stato il mio stile, nelle prime settimane e nei mesi delle lezioni di tedesco, mi comportavo in modo assai insolente, sfacciato, addirittura pazzesco. Non ascoltavo, ignoravo l'insegnante, non volevo dare risposte che, nel migliore dei casi, erano i miei compagni a consegnare. Forse, mi sentivo superiore alla signora Hollmann; all'apparenza, una professoressa debole, o forse volevo essere io a dare un'impressione da tipico scimunito della classe – e francamente, non ho nessun'idea di quale demone mi abbia guidato il quel momento.

Ma la signora Hollmann aveva l'ottima capacità di saper perseverare. Cercava di avvicinarmi in un modo obiettivo, nascondendomi la sua rabbia e certamente, anche la sua disperazione.

Elogiava la qualità linguistica dei saggi punitivi che dovevo scrivere, anche se li prendevo in giro regolarmente con il conteggio delle parole richieste.

E poi fece qualcosa, dopo settimane di ritardo ma... sì, lo fece, e fu l'unica cosa giusta da fare in quella situazione: convocò mia madre! E non avevo più paura di niente che di lei (cosa che l'insegnante non sapeva ancora).

Ricordo bene il giorno in cui mia madre venne a trovarla. Abbiamo avuto la signora Hollmann nell'ultima lezione, quindi, alla fine ci fece uscire dal vestiario. Il mio stomaco doleva e dunque, andai da lei e le chiesi scoraggiato come reagì mia madre. Ma invece di darmi una risposta, cascò dalle nuvole (mettendo persino le sue braccia sul mio collo) e gridò: "Caro Klaus, finalmente mi parli!".

Da questa conversazione in poi, le mie strane convulsioni passarono definitivamente. Di lì a poco, francamente, non mi vedevo più in grado di spiegare quest'inizio così schiantato e turbolento. Ma questo, perché la nostra professoressa fu considerata fin da subito piuttosto severa durante i miei anni di liceo, e così, ho avuto per molto tempo la sensazione stressante di averla rovinata con i miei capricci. (Oggi so che ha mantenuto il suo impegno e la sua apertura).

Perché menziono tutto questo? Semplicemente perché devo a questa insegnante cinque anni di eccellenti lezioni di tedesco. Tuttavia, non ero sempre attento e ricordo numerosi momenti di germanistica, pensando: vai, già l'ho sentito alla scuola! Ci presentò la storia della lingua tedesca attraverso una piccola introduzione al tedesco medio alto, mentre io, fui in grado di sfogarmi nella letteratura dove mi fu permesso di scegliere gli argomenti delle presentazioni abbastanza liberamente.

Fu questa professoressa di tedesco a far conoscere al mio amico di scuola Peter, e a me, la serie di concorsi di letteratura *Junge Literatur aus Österreich* gestita dalla casa editrice *Bundesverlag*. Probabilmente, all'inizio, si trattava di votare insieme come intera classe sulle storie e sulle poesie presentate (perché con un po' di fortuna si poteva ottenere un piccolo premio per tutta la classe), ma fu immediatamente chiaro, sia a me che a Peter, che in realtà, stessimo presentando le nostre opere.

Avevamo diciassette anni e fino a quel momento, nei lavori di casa e nei compiti in classe, c'erano solo storie di fantascienza traboccanti esagerazioni e aneddoti bizzarri; processo esatto non mi è al momento presente, ma penso che tutto questo fu la reale partenza per il concorso di scrittura letteraria che la professoressa tedesca ci aveva con intelligenza avvicinato; fu davvero il vero inizio della mia produzione letteraria, seria e permanente. Certo, avevo ancora molto da imparare e una lunga strada da percorrere, davanti a me (cosa che non sapevo all'epoca), e il premio letterario per i giovani della banca austriaca *Erste Österreichische Spar-Casse* per una novella, che recessi in autunno dopo l'esame finale del liceo, principalmente, dovuto al sostegno del critico Hans Weigel, membro della giuria; tutto questo, segnò nella migliore delle ipotesi, un piccolo (e inciampo) passo per diventare un autore, che allora, vedevo diversamente.

I libri (II)

In primo momento, la mia intenzione fu quella di studiare l'interpretazione, ma poi, finii di scambiare il tutto con un corso di traduzione; ma dopo aver realizzato che non ero comunque in grado di ripetere un testo pronunciato alla radio – un pessimo prerequisito per l'interpretazione simultanea. I miei talenti risiedevano totalmente nello scrivere. Cominciai anche a studiare inglese e le lingue latine dal secondo anno dell'università, ma rinunziai ben presto all'inglese, mettendo il francese come prima lingua e scegliendo la germanistica come seconda materia. Intrapresi questi studi aggiuntivi perché all'istituto d'interpretazione non hanno assolutamente nulla a che vedere con la letteratura. Là, vengono tradotti testi specializzati: di affari, di diritto e tecnologia, e forse, alcuni articoli nelle discipline umanistiche che includono anche gli studi letterari. Ma francamente, nessuno traduce là le opere letterarie.

La romanistica e la germanistica, mi permisero di occuparmi della letteratura su una base abbastanza regolare, e di continuare a rifornire la mia biblioteca sempre in continua crescita – questa volta, con la letteratura francese – e (per inciso – per inciso), di scrivere i miei testi.

Prima che gli autori esistenzialisti svanissero sul fondo, ho avuto l'opportunità di conoscere la scuola del *Nouveau Roman* e di apprezzare in particolare i libri d'Alain Robbe-Grillet. Scoprii André Gide, ed estasiato dal suo primo romanzo *Paludes*, fui introdotto nei diari di Gide dai professori degli studi di lingua latina, e pensai che l'opera tardiva *Thésée*, fu a tutti gli effetti una vera, ed autentica perla linguistica. La prosa di Nathalie Sarraute, tuttavia, mi sembrò difficilissima, a tratti intangibile, e passarono molti anni prima di poter godere a pieno della sua arte linguistica ed accuratamente cesellata.

I nomi, furono così numerosi che non riesco tuttora a ricordarli tutti. Tuttavia, sospetto con certezza che la letteratura francese in qualche modo mi abbia influenzato in maniera chiara nei miei scritti.

Trovai il primissimo approccio nei confronti della letteratura italiana attraverso la mia seconda lingua: Cesare Pavese e i romanzi linguisticamente complessi di Carlo Emilio Gadda. Tuttavia, Italo Calvino diventò il mio preferito e una lezione di romanistica attirò la mia attenzione sul grande libro (che non è altro che gli inizi di alcuni romanzi) *Se una notte d'inverno un viaggiatore*, e mi piace ancora tantissimo sfogliare e leggere i brevi racconti scientifico-bizzarri delle *Cosmicomiche*.

Il circolo

L'associazione letteraria fu fondata senza il mio intervento, ma Peter assicurò che potessi partecipare quasi dall'inizio. Eravamo un gruppo di giovani che non solo scrivevano, ma volevano anche pubblicare i loro testi. L'associazione editava anche la rivista letteraria TEXTE (sì, in maiuscolo): pagine dattiloscritte e blocchi di testo creati sulla macchina da scrivere, incollati su un foglio modello e quindi, copiati e cuciti con punti metallici alcune centinaia di volte. Ovviamente, tutto attraverso il lavoro manuale. Anche i pochi libri e gli opuscoli che pubblicammo poco dopo furono prodotti manualmente.

Oggi, ad essere sincero, quasi tutti i testi pubblicati in questo modo mi sembrano piuttosto imbarazzanti: linguisticamente incompiuti, difettosi, a volte persino ridicoli in termini di contenuto. Il fatto è che dovemmo consegnare copie obbligatorie di ogni opera stampata alla Biblioteca Nazionale d'Austria, e di conseguenza, non è stato più possibile annullare queste macchinazioni.

Oltre ai racconti e alle poesie pubblicati (che non hanno nulla a che fare con la poesia che scrivo oggi), all'epoca, scrissi anche romanzi e opere teatrali. I romanzi completati, in totale, sono quattro. Fortunatamente non ne rimase nulla, ma l'attività mi mostrò che cosa significa pianificare, elaborare e completare un grande pezzo di prosa come un romanzo. Con questo lavoro, probabilmente dimostrai a me stesso che *potevo farlo* (mentre i drammi erano piuttosto ostici e dimostrarono sotto ogni aspetto, che ancora *non* ero in grado di poterli fare).

I nostri testi furono impegnati. (A Sartre sarebbero piaciuti). Scrivemmo con zelo contro la guerra, sul tema dell'uguaglianza nei confronti delle donne, contro la violenza e per la protezione dell'ambiente (che all'epoca era ancora agli inizi). Credemmo di poter migliorare il mondo con i nostri testi e ci divertimmo tra ingenuità ed arroganza. Be', avrebbe anche potuto trasformarsi in qualcosa di davvero serioso.

Alla fine, cominciai un nuovo romanzo. Fino al 1987, perché questa data segna l'anno in cui mi vidi bloccato inaspettatamente con tutte le mie intenzioni, i miei piani e i miei sogni.

L'interruzione

L'anno 1987 portò diversi tagli. All'università ero nelle fasi finali dei miei studi e avevo iniziato a lavorare come traduttore freelance (soprattutto con testi portoghesi ed inglesi mentre accadeva di rado, con il francese e l'italiano). La nostra associazione letteraria mostrò una certa tendenza a dissolversi, e di conseguenza, i miei colleghi intrapresero percorsi professionali completamente diversi. Comprai il mio primo computer (un PC con un processore 8088 e un disco rigido da 20 MB [!], che a quel punto, mi sembrava completamente sovradimensionato), perché avevo capito che in realtà, avevo bisogno di un elaboratore di testi per poter offrire servizi di traduzione altamente professionali. Ma il cambiamento più significativo fu la nascita del mio primo figlio.

Improvvisamente, costretto a garantire il sostentamento di una famiglia e con una chiara consapevolezza che il mio reddito annuale come scrittore non sarebbe nemmeno bastato per una sola settimana, cercai in altri settori e scrissi un libro sopra l'elaborazione di testi, dove stetti migliorando in modo graduale, sempre di più; questo percorso, avvenne per la casa editrice tedesca Data Becker e poco dopo, cominciai ad insegnare questo software in un centro di formazione. Ma soprattutto, il ruolo di padre fu totalmente nuovo per me ed inizialmente, piuttosto stressante, così, la letteratura cadde letteralmente ai margini.

Avevo finito di scrivere. "È ciò che pensai". L'espressione *per ora* si insinuò ripetutamente nei miei pensieri, ma onestamente, cercai di ignorarla. Non scrissi nulla dopo il 1987. Credetti questo anche se... in retrospettiva, sembra assai diverso. Certo, non ci furono più novelle, né racconti, e ovviamente, nessun nuovo romanzo. L'associazione letteraria fu sepolta nell'oblio e quei pochi contatti che avevo furono interrotti. Ma ciò che rimase davvero e che non poté mai essere sradicato, fu questa sorda sensazione di essere in realtà uno scrittore!

Ciò che credevo un po' meno conclusivo, in realtà fu un'attività che adesso vedo con occhi diversi, come una sorta di atto sostitutivo. Scrivevo libri informatici e articoli specialistici per riviste informatiche in Austria, Germania e – in inglese – nel Regno Unito. Libri su elaboratori di testi, fogli di calcolo e la composizione di computer (che era chiamato DTP). Devo ammettere che tutto ciò, non ha nulla a che fare con la scrittura, in senso stretto, vale a dire: con la scrittura letteraria. O no? Bene, non feci lavori letterari per cinque anni e per questo, ne soffrii davvero tanto. I miei testi informatici si affiancavano e non li collegai affatto alla letteratura. Solo molto più tardi mi resi conto che quest'attività rafforzò e affinò le mie capacità letterarie. (Se ti viene chiesto di discutere di un ampio pacchetto integrato per ufficio e hai esattamente quindici righe disponibili in una stretta colonna del giornale, impari automaticamente a padroneggiare la lingua e a non accettare mai più il contrario).

Ci furono continui e ripetuti tentativi di scrivere nuovamente racconti, fino all'idea di creare storie bizzarre sui computer e poi, di offrirle a un editore specializzato in informatica. Non ne uscì fuori nulla, e il foglio, rimase vuoto proprio come la mia testa. Presi solo alcune note di diario per riunirle poi anni dopo in un file.

Mio figlio aveva cinque anni; scrivemmo l'anno 1992. Avevamo visto la caduta del muro di Berlino e mi guadagnavo da vivere come istruttore di software. Quel giorno avevo lavorato fino a tardi, probabilmente preparando un nuovo seminario. E poco prima di mezzanotte, spensi il PC e andai in bagno. In qualche modo mi sentii strano: qualcosa di leggero sembrò impossessarsi di me; ebbi la sensazione di volare e sentii l'aria che mi scorreva tra le dita. Dopo essermi lavato i denti, il mio cuore cominciò a battere forte e andai a letto. E poi l'ho visto di fronte a me: il salto, l'ascesa in aria, la Torre Eiffel sotto di me; avvertii i raggi del sole sulla mia guancia, l'aria mite che mi scivolava sulle mani e che mi passava tra le dita.

Febbrile e tuttavia silenzioso (per non svegliare la mia famiglia) mi alzai in piedi e scarabocchiai una pagina intera nel soggiorno a un ritmo davvero incredibile. Di nuovo a letto, rimasi sveglio per ore. Il giorno dopo, mi misi dietro il computer e scrissi il breve racconto di alcune pagine senza fermarmi. Un crash del sistema (prima ancora che avessi salvato i nuovi dati) mi portò sull'orlo di un esaurimento nervoso e dovetti ricominciare tutto daccapo.

Con un'eccitazione che non avevo mai conosciuto prima, nacquero il racconto *Höhenflug* (*Ascesa*) e il mio fedele giuramento di non abbandonare mai più la letteratura.

I libri (III)

E i libri, come sempre, mi accompagnano di anno in anno, di decennio in decennio. Ma ciò che leggo, col passare del tempo, cambia. Questo ha a che fare non solo con l'età, in via di sviluppo, ma anche con le cose che sono al centro della mia attenzione e che mi interessano, ovviamente, per vari motivi (che a loro volta possono essere puramente privati o semplicemente professionali). All'inizio degli anni 2000, in particolare, nel 2001 e nel 2002, ebbi la grande opportunità nell'azienda dove lavoro, ovvero, quella di poter partecipare alle conferenze tecniche della società Microsoft, che si svolgevano a Barcellona.

Avevo cominciato a studiare un po' di catalano all'età di diciassette anni. Durante i miei studi di lingue latine, ero interessato alla cultura catalana che a quel tempo, fu nella migliore delle ipotesi una sede secondaria all'università. Per la mia tesi di romanistica cercai un tema che avesse a che fare con la Catalogna, ma dovetti scrivere la mia tesi nella lingua francese.

Poi, mentre girai per la capitale catalana, durante le conferenze IT, iniziai ad invadere varie librerie, che per mia grande gioia avevano orari di apertura più lunghi rispetto all' Austria (fino alle ore 9.00 o 10:00 era abbastanza comune): le mie abilità linguistiche possedevano un livello piuttosto rudimentale, nonostante gli sforzi del mio amico Joan, professore alla scuola, il quale mi aveva fornito molte informazioni e materiale di apprendimento dal *principat*. Al mio ritorno dalle conferenze di Barcellona, nella mia valigia, portai in totale circa cinquanta libri; letteratura catalana attuale e libri di saggistica su argomenti politici, culturali e legali.

Questo da solo non dice molto; tutt'al più, si vedeva che lo spazio sui miei scaffali si riduceva, a poco a poco ma con costanza notevole.

Solamente dopo due anni e mezzo avrei letto tutti questi libri, oltre settemila pagine. Questa lettura molto corposa, che inizialmente non avevo assolutamente pianificato, non solo gettò le basi per solide competenze linguistiche, ma innescò anche una produzione di poesie in catalano che prese il suo inizio spontaneo poco dopo.

La mia biblioteca crebbe inesorabilmente. In uno dei miei romanzi, il protagonista chiama in modo ironico i suoi tesori di libri: la prima, la seconda e la terza biblioteca. Io non l'ho fatto mai nella vita, ma sarebbe decisamente appropriato farlo.

I catalani

È successo tutto in una notte. (Certo, era buia –
e ogni notte è oscura!). Ero appena andato a
letto, non riuscivo a dormire e varie parole e
frammenti di frasi mi volavano in testa – frammenti catalani.

Riaccesi la lampada, presi un biglietto dalla
scrivania e scarabocchiai con una matita gli
scarti delle frasi che mi fluttuavano nella testa. E
poi un altro. E un altro ancora.

Come dire: guardai le linee sul mio foglio e
le linee a loro volta, mi guardarono. E dopo
esserci guardati e scrutati per un po' di tempo,
dissi tra me e me, a bassa voce: "Accidenti! Se
questa non è una poesia…".

I giorni seguenti furono eseguite più note su
questo genere. Ovviamente, ero consapevole
del fatto che l'enorme lettura catalana avviata
nei mesi era diventata pienamente indipendente
nel mio cranio! Singole parole e frasi, lette da
qualche parte, combinate in qualcosa di nuovo,
ma con precisione, non sapevo ancora cosa
farne. Decisi di raccogliere il tutto e alcune
settimane dopo, avevo già per le mani un file di
elaboratore di testi con poco più di cento pagine. Separate in tre sezioni; vi contenevano di-

versi tipi di poesie. In una, le poesie erano molto brevi, quasi come haiku, nella seconda, brevi racconti ed eventi indipendenti, mentre nella terza sezione, vi erano contenute delle riflessioni sulle tre città che in un certo senso determinano la mia vita: Vienna, Parigi e Barcellona.

Non avendo ancora deciso il da farsi con questo pacchetto, pensai di chiedere consiglio a qualcuno. Contattai il mio amico catalano Josep, un noto scrittore, e gli chiesi la sua opinione. Domandai direttamente che… se avesse trovato il testo di una mediocrità assurda, non avrebbe dovuto avere peli sulla lingua.

Ma nulla di simile avvenne. Al contrario. Con mio grande stupore, ottenne molto da queste poesie e gli piacquero particolarmente, soprattutto, quelle brevi che non avevano un titolo. Le correzioni che aveva fatto nel mio fascicolo furono ancora più sorprendenti, e per questo motivo, aveva pochissimo di cui lamentarsi nei versetti. All'incirca, in un quarto delle poesie aveva segnato errori – a volte errori di ortografia, a volte una parola errata oppure, una formulazione incomprensibile – ma il resto era rimasto intatto.

Non sopravvissero molto quelle mie primissime poesie. L'una o l'altra, in una forma modificata, trovarono il proprio cammino nel mio primo volume di poesie, ma tutto il resto, l'ho semplicemente cancellato. Josep (noto nei paesi catalani come J.N. Santaeulàlia) scrisse una prefazione al mio debutto con poesie catalane, *Vermells* (*Vermigli*). Riuscii a pubblicare il volume presso una casa editrice catalana d'autori, in un'edizione bilingue, poiché avevo incluso anche la mia autotraduzione tedesca. (L'idea originale di questa traduzione deriva dal fatto che sarebbe stato in grado di vendere il libro anche in Austria e in Germania. Ma sono rimasto completamente sorpreso quando capii quanto fosse difficile tradurre la poesia che scrissi nella mia propria lingua madre!).

Senza le successive reazioni dei catalani, il mio libro sarebbe stato probabilmente solo un esperimento provocatorio. Ma ad essere sincero, ho causato un gran trambusto con la mia opera. Avevo contattato personalmente il quotidiano catalano AVUI e il caporedattore, che chiese immediatamente a uno dei suoi dipendenti di scrivere un articolo su di me. Dopo un breve contatto e-mail, in cui cercai di dare risposte alle loro domande nel modo più preciso possibile (ovviamente c'era il *"perché* scrivo in catalano"), il suo articolo apparse nella sezione culturale e quello, mi sconvolse letteralmente: una pagina in grande formato che includeva una mia gigantesca foto (che a sua volta, sollevò il sospetto che in realtà, non volesse scrivere davvero molto). Il giorno dopo, per telefono, la redazione della radio catalana *Catalunya Ràdio*, mi contattò all'improvviso; i redattori, avevano cercato di contattarmi in diversi modi (in effetti il mio editore me ne parlò poco dopo) perché volevano farmi un'intervista in un popolare talk show sul programma della prima serata, dal vivo e nello stesso giorno. Ricordo ancora molto bene il mio nervosismo, ma il moderatore del programma, aveva tutto sotto controllo e parlava in un modo (lento, pacato, chiaro) che riuscii persino a capire ogni singola parola senza nessun problema, e per questo, fui in grado di rispondere a tutte le sue domande. (In seguito, confessai alla redazione, attraverso un'e-mail, quanto in quel momento avessi tremato di nervosismo e che ora, sono costretto a cambiare la maglietta perché completamente fradicia). Un giornale online pubblicò ben presto una recensione sul mio libro, scritta da una mia amica poetessa, Marta Pérez i Sierra, ma solamente mesi dopo, scoprii per caso che c'era una pagina dedicata a me nella prestigiosa *Enciclopèdia Catalana*.

Almeno, pensai tra me e me: *un* motivo importante per scrivere è dunque la motivazione stimolata tremendamente dall'approvazione dei catalani per il mio libro di poesia nella loro lingua!

Personalmente, non riuscivo proprio a vedere nessun motivo per il quale dovessi fermarmi, e scrivevo e scrivevo ancora (assiduamente) altri volumi di poesie in catalano. Certo, ero ancora molto sospettoso della qualità linguistica e letteraria delle mie poesie. Perché? Questo è semplicemente spiegato: ero pienamente consapevole del fatto che molti catalani si sentono lusingati perché io, come forestiero, scrivo le mie poesie in catalano senza avere dei legami familiari con questo paese, in una lingua, che è sottoposta a molte pressioni politiche e che a dirla tutta, per molte persone a livello internazionale non è un concetto. Sospettavo che potessero lodare e apprezzare la mia poesia solo per questo motivo. Ma ancora qualche anno dopo, vale a dire nel 2014, vinsi un premio di poesia catalana (*Premi de Poesia Parc Taulí*) con un nuovo manoscritto e quindi, contro tutti i madrelingua. A questo punto, non c'erano più scuse e accettai con piena consapevolezza che se le mie poesie non fossero state abbastanza buone, non mi avrebbero di certo assegnato un premio letterario.

La risposta alla domanda sul *perché* scrivo poesie catalane mi pare complessa e, soprattutto, non molto semplice da spiegare. Ciò che accadde, più o meno per caso, è dovuto alle mie abitudini letterarie e tutto questo, ricevette una tale spinta, preponderante, assai vigorosa dalla reazione entusiasta dei catalani che... sono piuttosto insoliti nel caso di un autore austriaco; detto questo, la poesia catalana costituisce una parte integrante della mia letteratura. Nel frattempo, persino le poesie catalane mi sembrano più facili da gestire, soprattutto, rispetto a quelle in tedesco. Tutto questo, sembra molto particolare e certamente lo è. Ma forse è vero, come disse una volta Samuel Beckett nella propria situazione simile e bilingue, che nella mia lingua e personale lingua straniera, mi muovo più liberamente, spontaneamente e in un certo modo, con molto più coraggio.

Il perché

La domanda sul *perché*. Funziona davvero? Sembra banale dare una risposta, ma… semplice: perché devo farlo. Ed è esattamente quello; precisamente questa banalità, la sua noia. Per questo sono stato accusato dall'interrogante, proprio per avergli risposto così.

Può darsi che questo dovere-scrivere suoni un poco banale. Ma non significa veramente che molti scrittori la vedono davvero così?

Questa necessità di scrivere, l'incapacità di lasciare andare la scrittura e, in un certo senso, il sentimento d'essere spinto ad essa, che si snoda attraverso l'intera storia della letteratura. Franz Kafka paragonò tutto questo, senza mezzi termini, persino a una malattia incurabile.

Sicuramente, nel corso del tempo, gli autori si troveranno a dover lottare con il blocco dello scrittore (che è anche una condizione abbastanza diffusa nel mondo letterario), ma mai e poi mai penseranno di voler smettere, anzi, semplicemente penseranno di voler continuare a scrivere. E se solo provassero a terminare il loro lavoro letterario, si renderebbero presto conto che (come me) non ne sono affatto capaci. Chi scrive non si ferma così facilmente; infatti, gli scrittori potrebbero essere in grado di fare molto ma, una cosa non la sanno proprio fare: smettere di scrivere. (E quando vengo a sapere che qualcuno ha abbandonato la sua professione di scrittore, dubito che sia mai stato serio al riguardo).

Lo sviluppo per diventare uno scrittore non conosce regole. Gli approcci, i processi creativi e ciò che è comunemente noto come ispirazione, sono molteplici e diversi. Tracciare la motivazione degli autori porta sempre a una nuova scoperta o è completamente inefficace perché le evidenze sono troppo scarse.

Non ho mai dato troppa importanza sul fatto di dover portare *con me* un taccuino (o un blocco per appunti), oppure una penna. Penso anche che sia un'esagerazione il fatto che la loro stessa esistenza, in qualche modo debba innescare un processo di scrittura letteraria. Nel mio caso, molte idee nascono quando non c'è alcun modo di scriverle: nudo e bagnato sotto la doccia, da qualche parte senza possibilità di scrittura lungo la strada, durante un'importante riunione aziendale eccetera. Queste idee spesso scompaiono, e quello che mi rende molto triste (e scontroso), è che soltanto alcune volte ritornano, di tanto in tanto. Forse, è a causa della mia memoria, dove credo che non si possa fare *sempre* affidamento; o è magari ragionevole che quelle idee che in qualche modo svaniscano da me, non possano ritornare mai più, per il semplice fatto che sono comunque prive di valore, a un esame più attento e quindi, che non vale la pena di menzionare.

Fondamentalmente, non mi piace questo perché. È duro, appiccicoso e disgustoso. Per quale motivo sorge come una domanda, va oltre la mia conoscenza e probabilmente, anche al di là della mia comprensione. È però chiaro che questa domanda mi perseguiterà sempre e ovunque, ma io, cercherò sempre di nascondermi. E di farlo bene. Il perché è un compagno non amato che mi costringe ad occuparmene. Per tutta la vita.

Allora?

Scrivo perché attraverso la scrittura riesco ad esprimermi. Scrivo perché tutto questo corrisponde all'immagine di me stesso; come persona e come membro di questa società. Scrivo perché deve essere così. Scrivo perché la terra gira intorno al sole, i pianeti fanno lo stesso, la nostra stella centrale a sua volta si muove intorno al centro della Via Lattea, perché il numero e le dimensioni dei corpi celesti superano di gran lunga la nostra capacità intellettuale e noi, ne sappiamo davvero così poco.

Scrivo perché sono.

Klaus Ebner è nato a Vienna nel 1964 e oggi, vive con la sua famiglia a Schwechat, un comune in Bassa Austria. Negli anni '80 ha studiato filologia romanica e tedesca. Scrive prosa breve, racconti, romanzi, saggi e anche poesie in catalano e tedesco.

Nel 2007, è stato premiato ricevendo il premio "Wiener Werkstattpreis"; un premio per prosa breve, al "Kurzprosa-Wettbewerb dell'Associazione degli Scrittori Austriaci", gli fu consegnato nel 2010; infine, nel 2014, ha ricevuto il premio catalano "Premi de Poesia Parc Taulí".

www.klausebner.eu